À L'autre Bout de la Ficelle

Just a String Away

Written by/Écrit par Sonya Anderson

Illustrated by/Illustré par Jon Larter

Published by/Publié par Sizzle and Sim Productions
620 Veterans Drive Unit #2, Suite 21
Barrie, Ontario
L4N 9J4
www.SizzleAndSim.com

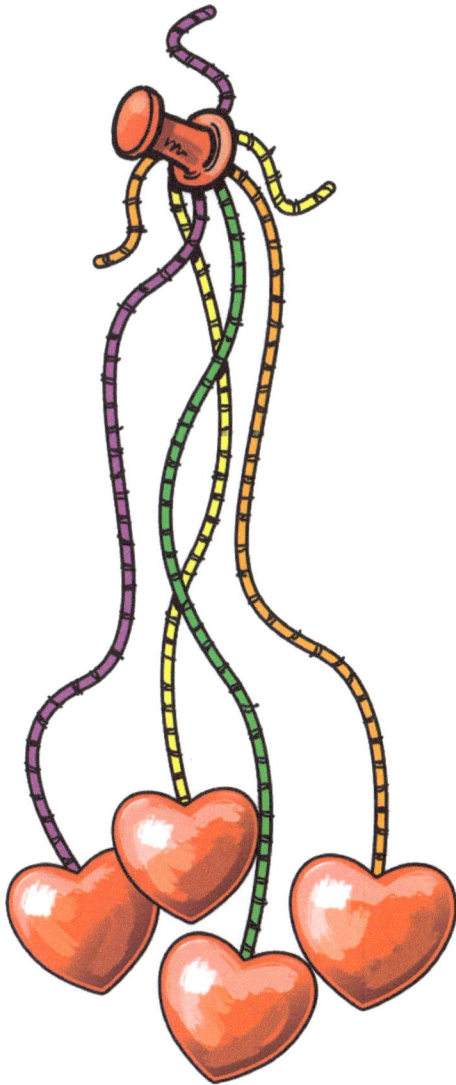

For my boys, Lyndon, Connor, and Jack, who are the inspiration for my stories.

For my mom, who instilled in me a love of reading and taught me the importance of reading with expression.

Special thanks to my sisters for their help editing.

And to Andrea R.G. who made me realize that a story worth telling was a story worth writing.

Mes sincères remerciements à tous ceux qui m'ont aidé à écrire ce livre et particulièrement à Stéphanie, Lisa, Delphine et Éric.

Il était une carte . . .

Il y avait deux jeunes frères qui aimaient partager des histoires ensemble. Grand frère Connor finissait de lire une histoire à son petit frère, Jack, quand Jack dit :

— Papa me manque. Pourquoi part-il aussi souvent?

— T'es drôle! répond Connor. Papa est un pilote, il vole autour du monde. C'est son métier.

— Je sais, dit Jack, mais il me manque quand il n'est pas là.

— Je sais ce dont que tu as besoin, dit Connor, je reviens.

Once upon a map . . .

There were two young brothers who loved sharing story time together. Big brother, Connor, had just finished reading a story to his little brother, Jack, when Jack sighed, "I miss Dad. Why does he have to go away so much?"

"Silly," Connor replied, "Dad's a pilot, he flies all over the world. That's his job."

"I know," Jack said, "but I miss him when he's gone."

"I know what you need," Connor said, "I'll be right back."

Jack regardait avec beaucoup de curiosité son grand frère qui fouillait dans le placard et dans toute la maison pour rassembler quelques objets. Enfin, Connor revint avec une carte, de la ficelle, et quelques punaises.

— J'ai un secret à partager avec toi, dit Connor avec un sourire. C'est un secret dont Maman m'a fait part il y a longtemps, avant même que tu sois né.

Connor prit la carte et l'afficha sur le mur à côté de la chaise à bascule de Jack. Puis, il mit quelques punaises sur la carte et il les relia avec des bouts de ficelle.

Jack watched with great curiosity as Connor sorted through his closet and raced around the house, gathering a few simple supplies. Soon Connor came back with a map, some string, and a handful of tacks.

"I've got a secret to share with you," Connor said with a grin. "It's a secret Mom told me a long time ago, even before you were born."

Connor took the map and hung it on the wall beside Jack's rocking chair. Then he put several tacks on the map and tied pieces of string to the tacks.

— Tu vois la punaise rouge? Ça, c'est Calgary, là où nous habitions et là où habitent toujours grand-maman et grand-papa. Cette punaise bleue, c'est où nous habitons maintenant et cette ficelle verte est ce qui nous relie à eux, expliqua Connor. Il y a quelques années, quand nous avons déménagé de Calgary à Toronto, j'étais très triste de quitter nos amis et notre famille. Maman m'a donné cette carte et cette ficelle et m'a fait part de ce secret que je vais partager à mon tour avec toi. « **Peu importe la distance qui nous sépare, nous sommes juste à l'autre bout de la ficelle.** »

"See the red tack? That's Calgary, that's where we used to live. That's where Grandma and Grandpa still live. This blue tack is where we live now and this green string is the string that joins us together," Connor explained.

"Years ago when we moved from Calgary to Toronto it made me feel sad to leave our family and friends behind. Mom gave me this map and string and shared this secret with me that I am now sharing with you. **'No matter how far apart we may seem we are really just a string away'.**"

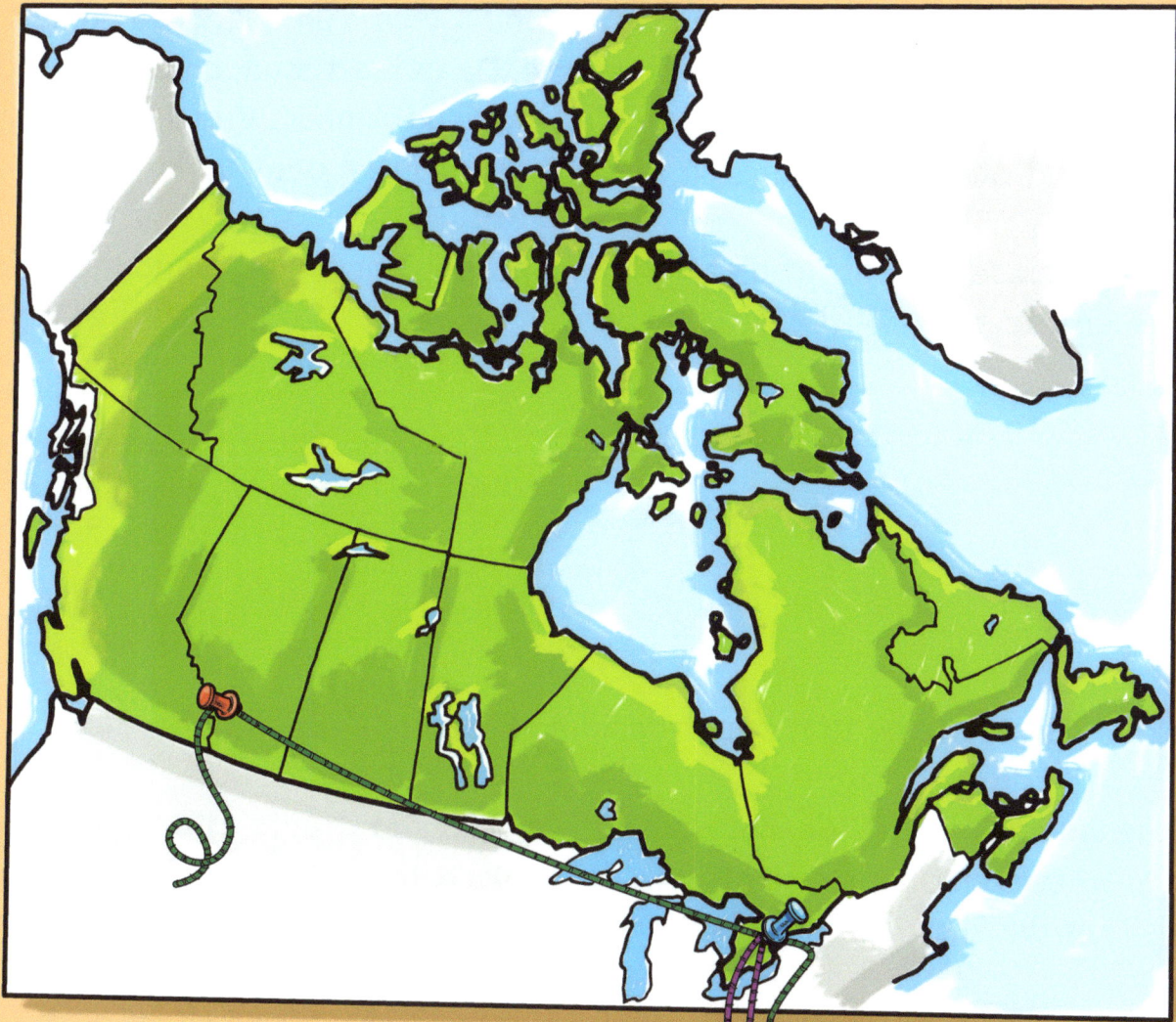

— Quelle est cette ficelle mauve qui pend ici? demanda Jack.

— Ça, c'est **la Ficelle Papa**, dit Connor avec un sourire. Elle part de chez nous et suit Papa partout où il va. Quand il vole d'un endroit à un autre nous pouvons le suivre sur notre carte. De cette façon, nous savons qu'il est juste à l'autre bout de la ficelle, expliqua Connor. Viens voir! dit-il. Papa est à Boston ce soir. Ça c'est juste à l'autre bout de la ficelle.

Les yeux de Jack se remplirent d'étoiles. Son père lui manquait quand même, mais il était rassuré de savoir qu'il était si proche.

"What's this purple string that's just dangling here for?" Jack wondered.

"That's the **Daddy String**," Connor said with a grin. "It starts at our house and reaches to wherever Dad is. As he flies from place to place we can follow him on our map. Then we know **he's** just a string away," Connor explained.

"Come see," said Connor, "Dad's in Boston tonight. That's just a short string away."

Jack's eyes lit up. He still missed his Dad but it made him feel good to know he was so close.

Cette nuit là, quand les garçons appelèrent leur papa à son hôtel, Jack s'exclama:

— Tu es à Boston, Papa. Ça c'est juste à l'autre bout de la petite ficelle!

Connor et Maman se regardèrent et s'échangèrent un clin d'œil. Connor était content que son secret ait rassuré son frère, et Maman était fière que Connor ait partagé ce secret avec son petit frère.

That night when the boys called their Dad at his hotel, Jack quickly gushed, "You're in Boston, Dad, that's just a short string away!"

Connor and Mom looked at each other and shared a knowing wink. Connor was pleased that his little secret made his brother feel so good, and Mom was proud that Connor had shared the secret with his younger brother.

Au cours des années, Connor et Jack partagèrent de nombreuses histoires ensemble dans cette chaise à bascule. Ils trouvaient fascinant de tracer les merveilleuses destinations de leur père avec leur carte et cette ficelle.

Connor et Jack grandissaient vite et commencèrent à rêver à ce qu'ils voudraient faire quand ils seraient grands. Connor voulait devenir un astronaute pour voyager sur la lune et explorer les surfaces rocheuses. Jack voulait devenir un pompier pour glisser le long du poteau à la caserne, conduire le camion de pompier, et sauver les personnes en détresse.

Over the years Connor and Jack shared countless stories together in that rocking chair. And they found it fascinating to track with their map and string all of the wonderful places that their Dad flew to.

They were also growing up and starting to dream big dreams about what they wanted to be when they grew up. Connor wanted to be an astronaut who travelled to the moon and explored its rocky surface. Jack wanted to be a firefighter who slid down fire poles, drove a noisy fire truck, and rescued people who needed help.

Maman écoutait leurs rêves en souriant, mais elle ne pouvait s'empêcher de penser que ses deux garçons lui manqueraient quand ils seraient grands.

Puis, un jour, elle trouva une surprise spéciale qui l'attendait dans sa chambre.

Mom listened to their dreams with a smile, although she couldn't help but think about how much she would miss her two boys when they were all grown up.

Then, one day, she found a special surprise waiting for her in her bedroom.

Connor, avec l'aide de Jack, avait affiché deux cartes sur le mur. L'une était un plan de leur ville avec une punaise sur leur maison, une punaise sur la caserne de pompier, et une ficelle les reliant.

L'autre était une carte du système solaire avec une punaise sur la terre, une punaise sur la lune, et une ficelle les reliant. Cette carte avait aussi une ficelle qui pendait de la terre et qui pouvait s'étirer jusqu'à la planète la plus éloignée de notre système solaire.

Connor — with help from Jack — had hung up two maps on the wall. One was a City map with a tack on their house, a tack on the fire hall, and a string in between linking the two.

The other was a map of the Solar System with a tack on Earth, a tack on the Moon, and a string joining them. This map also had a dangling string hanging from the tack on Earth. It could stretch as far as the farthest planet in our Solar System.

Avec une lueur dans leurs yeux et un câlin pour leur maman, Connor et Jack s'exclamèrent :

— Tu ne peux pas deviner jusqu'où nous irons Maman, mais tu sauras que nous sommes toujours juste à l'autre bout de la ficelle!

With a gleam in their eyes and a hug for their Mom, Connor and Jack said, "You never know just how far we may go Mom, but we'll both always be just a string away!"

Commentaire Pour Les Adultes

Vous aussi, vous pouvez réconforter vos proches lors d'un moment difficile: une séparation, un déménagement, un déploiement militaire, ou pour rassurer un enfant dont les parents voyagent beaucoup pour leur travail.

Vous aurez simplement besoin de ficelle, de punaises, et d'une carte de la taille de votre choix. La carte peut être aussi grande que le système solaire ou aussi petite que votre ville, afin d'indiquer où un membre de la famille se trouve.

En impliquant vos enfants dans cette activité, vous vous apercevrez qu'ils arriveront à mieux gérer la séparation de leurs proches. De plus, ils apprendront quelques notions de géographie!

Note to Grownups

You too can provide comfort to your loved one during a difficult time of family separation, a move to a new city, military deployment, or to ease the anxiety of a child whose parent must travel for their work.

All it takes is some string, a few tacks, and a map scaled to the size that you will need. The map can be as big as the Solar System, or as small as a City map that can show that one family member lives or works on the other side of town!

When your children are involved in this activity, you'll be amazed at how much more effectively they are able to cope with separation from their loved one, and they'll learn a thing or two about geography in the process!

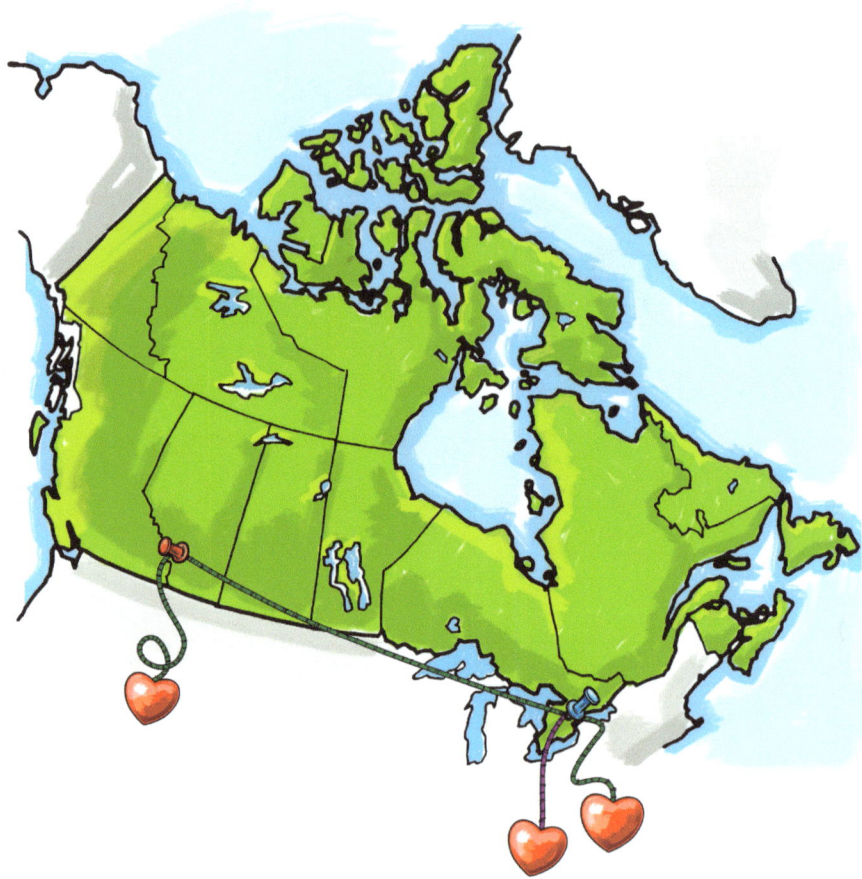

www.ingramcontent.com/pod-product-compliance
Lightning Source LLC
Chambersburg PA
CBHW040024050426
42452CB00002B/124